Earl & Mooch

Patrick McDonnell

Earl & Mooch

La peau de l'ours

Les Humanoïdes Associés

Les Humanoïdes Associés sur le web
http://www.humano.com

Le présent volume contient les bandes quotidiennes du 23 octobre 1995 au 18 mai 1996,
et les pages du dimanche du 15 octobre 1995 au 19 mai 1996.

Conception graphique : Didier Gonord
Couleurs : Layla Bess
Lettrage : Jean-Marc Mayer
Traduction : Eric Mettout et Bruno Lecigne
Gravure : Evolution - Belgique

EARL & MOOCH TOME 3
LA PEAU DE L'OURS

Première édition française : 1998 - LES HUMANOÏDES ASSOCIÉS

Achevé d'imprimer en avril 1998
sur les presses de l'imprimerie Lesaffre en Belgique

Dépôt légal avril 1998

ISBN : 2 7316 1269 X
code 43 4813 2

NE FAIS PAS TA POULE MOUILLÉE, MOOCH. ALLONS EXPLORER CETTE MAISON HANTÉE!
J'OUVRE LA VOIE - JE PROTÈGE L'AVANT, TU VEILLES SUR NOS ARRIÈRES.
OH, OUICHE... CETTE MAISON EST VRAIMENT LUGUBRE!
IL POURRAIT Y AVOIR DES ELFÉNOMÈNES... DES VAMPIRA-ZZZEURS ...OU DES FANTÔMAWHAKS!!
OOOOOOOO JE SENS DES CHOSES ÉTRANGES DANS LE COIN!
EN TENDANT LE BRAS, JE PEUX MÊME LES TOUCHER.
OUICHE
VIENS JETER UN COUP D'OEIL À CETTE MAISON HANTÉE.
QUI SAIT CE QUI SE CACHE DERRIÈRE CES VIEILLES PORTES...
OU AU BAS DE CES MARCHES BRANLANTES...
OU SOUS CES TAPIS POUSSIÉREUX...
OUICHE.
AAAÏÏÏEE QU'ESSE QUE C'EST!?!
TON REFLET DANS UN MIROIR!
T'SAIS, CROISER LA ROUTE D'UN CHAT NOIR PEUT PROVOQUER DE GRAVES ENNUIS.
PAS AUTANT QUE D'EN AVOIR UN SUR LA TÊTE.

CREEEEK
KEKSEKSA?
!
POOF
ET ÇA C'EST QUOI ?
L'EFFET DE LA PEUR SUR LES CHATS.
10/27
AH OUI?

BONK
AÏE!
AÏE!
BONK
M'EST AVIS QU'IL EST TEMPS DE CHANGER L'EAU.
10/28

EARL ET MOOCH POURSUIVENT LEUR VISITE DE LA MAISON HANTÉE...
TU N'AS PAS LA SENSATION D'UNE PRÉSENCE?
OUICHE.
10/30

UNE CHAUVE SOURIS!!
CHUT... LES CHAUVES-SOURIS ONT L'OUÏE TRÈS FINE, MAIS LEURS YEUX SONT MAUVAIS ET LEUR VUE BASSE...
JE VOIS BIEN!
J'EN-TENDS BIEN!
10/31

VOUS N'AVEZ PAS PEUR DE VIVRE DANS CETTE MAISON ?
POURQUOI ?
EH BIEN... ELLE EST SOMBRE, HUMIDE, PLEINE DE COURANTS D'AIR ET ELLE GROUILLE DE VILAINES PUNAISES !
OUICHE
GÉNIAL, NON ?!!
C'EST PAS UN PEU BIZARRE DE VOIR LE MONDE À L'ENVERS ?
EH BIEN.
C'EST UNE...
...QUESTION DE POINT DE VUE.
T'AS PAS L'IMPRESSION QU'ON NOUS A JOUÉ UN TOUR PENDABLE ?
OUICHE.
QU'ESSE TU FAIS, EARL ?
J'ESSAYE DE CREUSER UN TROU.
AH ?
OUI, JE VEUX PASSER DE L'AUTRE CÔTÉ...
OUICHE !
OUAIS.
TU Y ES PRESQUE !

CRONCH
CRONCH
IL SE CONSTITUE UNE BONNE COUCHE DE GRAISSE POUR PASSER L'HIVER.
OUICHE.
SLURP
SLURP
CRONCH
CRONCH
IL EST PARÉ JUSQU'EN JUILLET.
11/6

QUAND TU ES **CONCENTRÉ** COMME ÇA, A' QUOI TU PENSES ?
A' RIEN DU TOUT.
11/7
OUAAAH... COMMENT TU FAIS ?!
FAIS QUOI ?

11/8

TOUJOURS LE DERNIER PRÉVENU :
MAIS... JE VIS DANS **L'EAU !!!**
11·9

SNAX EST LE GOUROU DE LA SAUCISSE-LE DÉLICE LAMA.
LE SANDWICH DU LUNDI
OUICHE. MIAM...
FAITES-MOI UN TOTAL GÉANT!
11/10

!
OUAF
OUAF
OUAF
OUAF
OUAF
OUAF!
C'EST BON D'ÊTRE REMARQUÉ.
OUAF
OUAF
11-11

BONK
BONK
MON GARS, CET ÉCUREUIL EST FORT.
11/13

BONK
BONK
11/14

HÉ EARL, TU VEUX VOIR MON IMITATION D'UN ÉCUREUIL?
UNE NOISETTE ?
11-15
BONK
BRAVO!

C'EST ENCORE LUI...
OUICHE
QU'EST-CE QUE J'AIMERAIS AVOIR LE DROIT DE TRAVERSER LA RUE!
OUICHE
11-16

QU'EST-CE QUE TU FAIS EN HAUT DE CET ARBRE?
SI JE VEUX RATTRAPER CET ÉCUREUIL, JE DOIS PENSER COMME UN ÉCUREUIL.
BONK
11/17

DESCENDS DE LÀ TROUILLARD DE POULE MOUILLÉE!
11/18

QUOI DE PLUS TRISTE QU'UNE GAMELLE VIDE ?
UN RÉFRIGÉRATEUR VIDE.
11·20
CRONCH CRONCH
QU'ESSE QU'IL FAIT ?
IL AMASSE DES PROVISIONS EN PRÉVISION D'UN HIVER DIFFICILE !
!
HÉ MILLIE ! OÙ EST PASSÉ MON DÎNER ?
11/21
11·22
LA DINDE EST BIENTÔT PRÊTE ?
NOUS L'ESPÉRONS !
DIS DONC EARL, TU AS FAIM ?
LÈCHE · LÈCHE LÈCHE
ICI, CHAQUE DÎNER EST UN REPAS DE NOËL.
11·23

Ho, Ho!
BANDE DE FAINÉANTS! JE DEVRAIS VOUS METTRE DEHORS TOUS LES DEUX!
!
AAH, MILLIE... LA PAIX!
Z:Z:Z:Z:Z:Z
11/24

CRONCH
CRONCH
CRONCH
HÉ, EARL!
UN SAC À PUCES.
11/25

T'AS ENTENDU PARLER DU NOUVEAU CHIEN DU VOISIN?
NON, PAS ENTENDU.
RÒOAÀRF
MAIS ÇA, J'AI ENTENDU.
GRRRRRRR
MUTTS ©1995 PATRICK McDONNELL · DISTRIBUTED BY KING FEATURES
11/27

IL MORD?
IL MÂCHE?
MUTTS ©1995 PATRICK McDONNELL · DISTRIBUTED BY KING FEATURES

QU'EST-CE QU'UN CHIEN RESPECTABLE COMME TOI FAIT AVEC CET INFÂME MATOU ?!
MUTTS ©1995 PATRICK McDONNELL · DISTRIBUTED BY KING FEATURES SYNDICATE
C'EST UN... CHAT !?!
?! !?

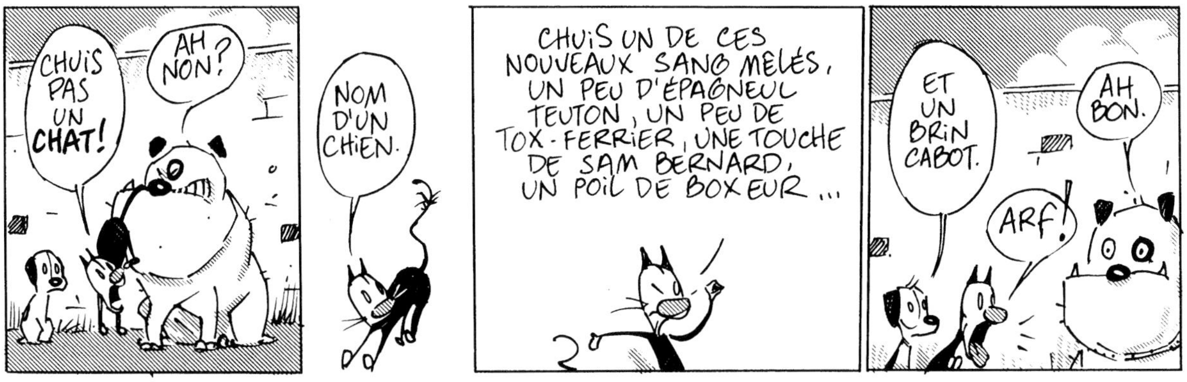
CHUIS PAS UN CHAT !
AH NON ?
NOM D'UN CHIEN.
CHUIS UN DE CES NOUVEAUX SANG MÊLÉS, UN PEU D'ÉPAGNEUL TEUTON, UN PEU DE TOX-FERRIER, UNE TOUCHE DE SAM BERNARD, UN POIL DE BOXEUR...
ET UN BRIN CABOT.
AH BON.
ARF !

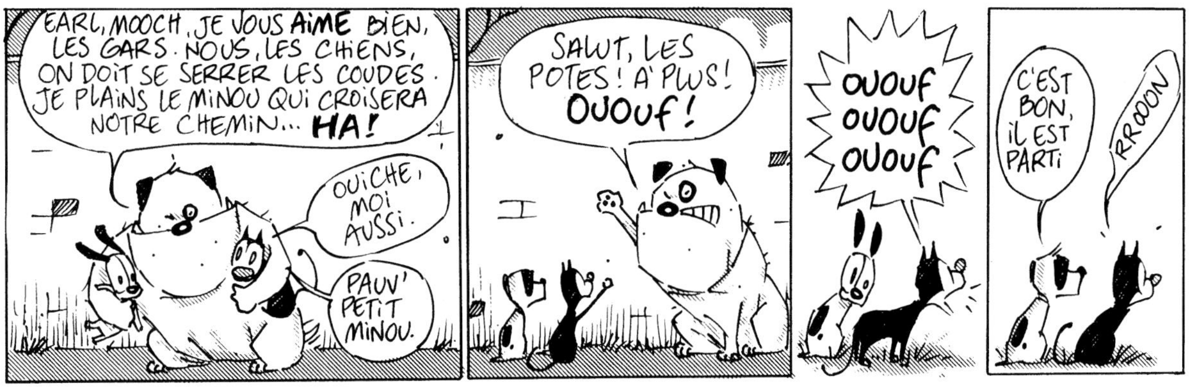
EARL, MOOCH, JE VOUS AIME BIEN, LES GARS. NOUS, LES CHIENS, ON DOIT SE SERRER LES COUDES. JE PLAINS LE MINOU QUI CROISERA NOTRE CHEMIN... HA !
OUICHE, MOI AUSSI.
PAUV' PETIT MINOU.
SALUT, LES POTES ! A'PLUS ! OUOUF !
OUOUF OUOUF OUOUF
C'EST BON, IL EST PARTI
RROOON

iL PARAÎT QU'UNE ANNÉE D'UN HOMME VAUT SEPT ANS POUR UN CHIEN.
iL VA FALLOIR QUE JE RALEN-TISSE.
12·4

ÇA VA PAS, EARL ?
MON OZZiE ME MANQUE.
QUOi !?
iL EST PARTi iL Y A À PEINE 30 SECONDES !
12/5
OUAiP...
ÇA FAiT COMBiEN EN ANNÉES CHiEN ?

DING DING
PLUS QUE 19 JOURS AVANT NOËL !
ÇA FAiT COMBiEN EN ANNÉES CHiENS ?
12·6

iL PARAÎT QUE L'ÉTOILE LA PLUS ÉLOIGNÉE EST À PLUS DE 2 MiLLIONS D'ANNÉES LUMiÈRE...
pffUiiii
ÇA FAiT COMBiEN EN ANNÉES LUMiÈRE DE CHiEN ?
12·7

TU
SAIS
OÙ VA LE TEMPS?
CHAIS PAS.
12·9
BRRRR...
C'EST L'INSTINCT! LES OISEAUX CONNAISSENT LE SUD! INFAILLIBLEMENT GUIDÉS PAR UNE PETITE VOIX...
12/11
C'EST ENCORE LOIN?
12/12
ALLEZ, DIS-LE, TU NE SAIS PAS OÙ NOUS SOMMES?
VOILA' ENFIN NOS QUARTIERS D'HIVER!!
HA! HA! JE SAVAIS QUE JE TROUVERAIS! OUAOUH! QUINZE MILLE KILOMÈTRES, MAIS CHAQUE SAISON, JE NOUS CONDUIS SANS FAILLIR VERS NOTRE PARADIS! UN MIRACLE DE NAVIGATION ET D'INSTINCT!!!
ET POURQUOI NE ME PROPOSES-TU JAMAIS RIEN DE NOUVEAU?
12/13

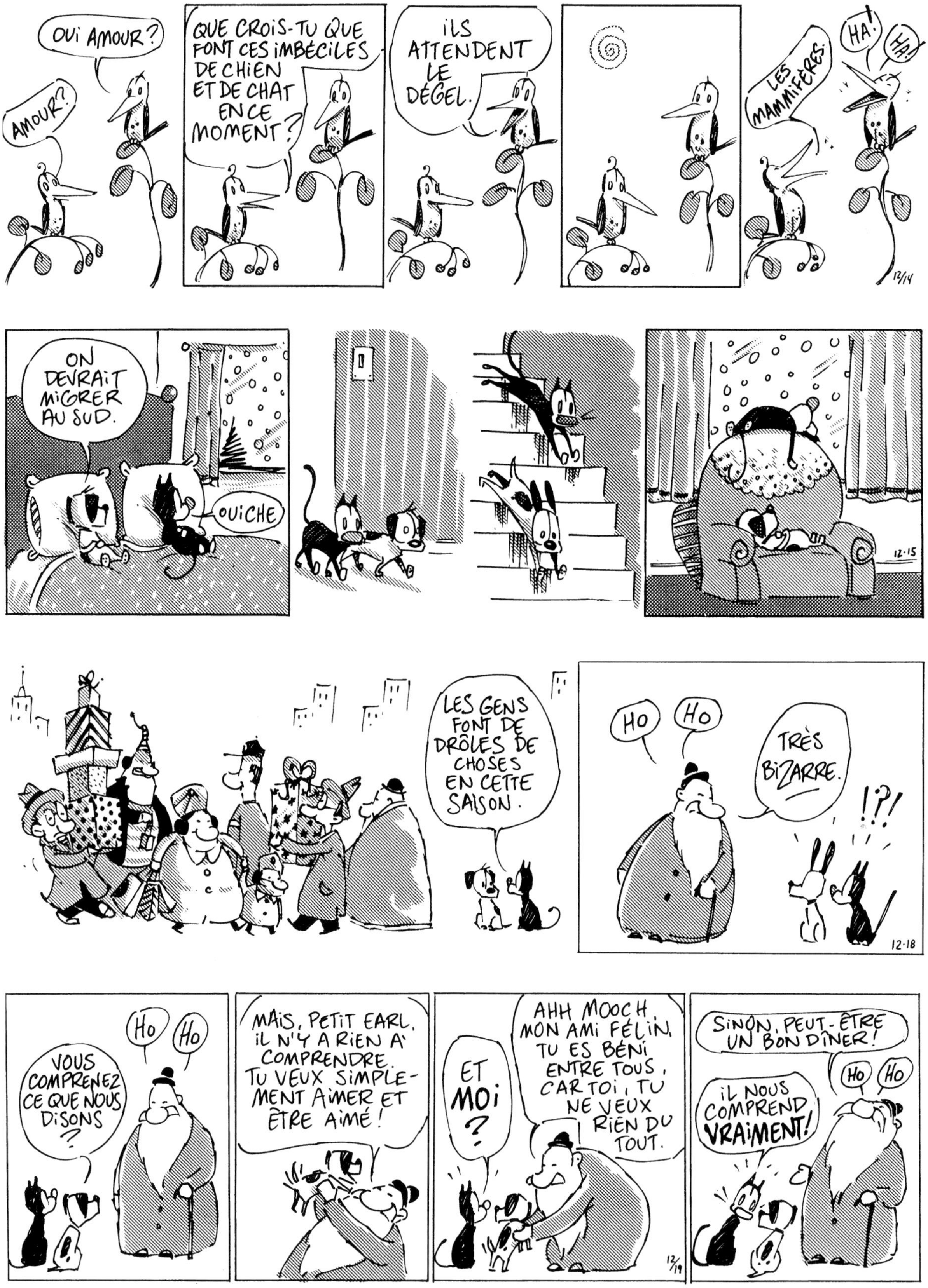
AMOUR?
OUI AMOUR?
QUE CROIS-TU QUE FONT CES IMBÉCILES DE CHIEN ET DE CHAT EN CE MOMENT?
ILS ATTENDENT LE DÉGEL.
LES MAMMIFÈRES.
HA!
HA!
12/14
ON DEVRAIT MIGRER AU SUD.
OUICHE
12·15
LES GENS FONT DE DRÔLES DE CHOSES EN CETTE SAISON.
HO
HO
TRÈS BIZARRE.
!?!
12·18
VOUS COMPRENEZ CE QUE NOUS DISONS?
HO
HO
MAIS, PETIT EARL, IL N'Y A RIEN À COMPRENDRE. TU VEUX SIMPLEMENT AIMER ET ÊTRE AIMÉ!
ET MOI?
AHH MOOCH MON AMI FÉLIN, TU ES BÉNI ENTRE TOUS, CAR TOI, TU NE VEUX RIEN DU TOUT.
12/19
SINON, PEUT-ÊTRE UN BON DÎNER!
IL NOUS COMPREND VRAIMENT!
HO
HO

VOYONS VOIR... JE CROIS QUE J'AI UN PETIT CADEAU POUR VOUS DANS MA POCHE...
HO! HO! UN BON VIEIL OS À MOELLE ET UN BOL DE LAIT !!
!
?
MUTTS ©1995 PATRICK McDONNELL · DISTRIBUTED BY KING FEATURES SYNDICATE
QUELS CURIEUX, LES CHATS ! TU AS UNE QUESTION, MOOCH ?
OUICHE
ET DANS L'AUTRE POCHE ?
12·20
HO
HO
QUI ÊTES VOUS ?
JE SUIS !
QUI ?
IL SUIT.
12·21
HO
HO
SUIT QUOI ?
CHAIS PAS, J'AI PAS BIEN SUIVI...
PETIT EARL, MOOCHIE, ALLEZ ET RAPPELEZ À VOS MAÎTRES QUE CHAQUE JOUR DOIT ÊTRE DON ET AMOUR.
C'EST VOTRE BOULOT !
HO
HO
HO
BOULOT !?! JE CROYAIS QUE NOËL ÉTAIT UN JOUR FÉRIÉ !
J'AIMERAIS BEAUCOUP RESTER PLUS LONGTEMPS LES GARÇONS... MAIS JE DOIS VRAIMENT...
M'ENVOLER
HO! HO!... ET BONNE NUIT À VOUS !
12·23
S'EN-VOLER !?!
...ET JE TE PARIE QU'IL EST FICHU DE LE FAIRE.

OUAF
OUAF
OUAF OUAF
OUAF
OUAF OUAF
OUAF
OUAF
OUAF OUAF.
OUAF
OUAF
OUAF
ECOLE DE DRESSAGE POUR CHIENS
10·15

CHOISIS
TA
CITROUILLE
POUR
HALLOWEEN
SERAS-TU MA CITROUILLE ?
TU AS BESOIN D'UNE RUSTINE.
PARFAITES CITROUILLES !
EN PURÉE.
IL A L'AIR SACRÉMENT COINCÉ, TON AMI !
JE LUI FAIS PEUR.
EARL !!!
OUAF !
Mc DONNEll 10·22.
QU'EN PENSES-TU ?
ARF.
S'IL EST HEUREUX... JE SUIS HEUREUX.

POUR HALLO-WEEN...
!
AUX DÉLICES DU GROS SNAX
DING
DING
10/29
TOUJOURS COINCÉ?
FFOUICHE

QUI EST-CE?
C'EST TOI.
NON.
SI.
IL ME RESSEM-BLE.
MAIS EST-IL AUSSI MALIN?
REGARDE
IL VEUT ME SERRER LA PATTE.
SLIP
OPLOUF
OUAIS... C'EST BIEN TOI.
OUICHE. C'EST BIEN NOUS.
11/3

MUTTS ©1996 PATRICK McDONNELL · DISTRIBUTED BY KING FEATURES

ON ATTEND DEPUIS DES HEURES. JE CONNAIS UNE DANSE POUR ATTRAPER LES SOURIS.
QU'ESSE QU'ON A A' PERDRE?
NOTRE AMOUR PROPRE?
SOURIS CHOURIIIE SOURIS
1/1
AUCUNE SOURIS NE PEUT RÉSISTER A' MA DANSE!
ELLE
ANÉANTIT
TOUTE RÉSISTANCE
TOUTE LOGIQUE
ET
TOUTE GRAVITÉ!
OUICHE, ÇA AUSSI!
1/2
ATTENTION! MA DANSE PASSE AU NIVEAU SUPÉRIEUR!
SOURIS!
CHOURIIIE!
SOU... OUILLE!
BONK
ÇA VA?
OUICHE
L'ARTISTE DOIT SAVOIR SOUFFRIR
1/3
OH... CHOURIIIS
ET SI MA DANSE MARCHAIT SI BIEN QU'ELLE ATTIRE DES CENTAINES OU DES MILLIERS DE SOURIS?
AH! CE SERAIT UN BIEN GRAND POUVOIR POUR UNE SI FRÊLE ENVELOPPE!
ENIVRANT... NON?
1·4

ALORS, VIEUX SAGE, QUE FERAS-TU SI TA DANSE **ATTIRE** DES MILLIONS DE SOURIS ?
HÉ!
HÉ!
J'AURAIS QU'A DANSER A L'ENVERS POUR ME DÉBARRASSER DE CES **PESTES**.
ALLEZ
VOUS
EN
SALES
PETITES
PESTES!
EARL?
EARL?
INCROY-ABLE!
ÇA MARCHE!
1·5

BEUH, UN SALE CARACTÈRE!
UN PETIT BRAS.
ON VA VOIR S'IL EST RAPIDE...
1/6

DING-A-LING
DING-A-LING
DING
DING
DING
-A-
LING
12·16
DING
DING-A-LING
DING
DING
QUAND T'ESSE QU'ON VA AVOIR UNE GLACE ?

VOUS SAVEZ CE QU'IL Y A DE **MEILLEUR** DANS LES CADEAUX ?
OUICHE
L'EMBALLAGE!
12·26

11/12

QU'EST-CE QUE C'EST!?!
11/19
PAS DE FUMÉE SANS FEU.
JE LES AI VU FAIRE FFA AVEC UN DE FFES TRUCS.
HMMM
POUF
POUF
LE TEMPS SE COUVRE.
POUF
POUF
ÇA PUE!
POUF
POUF
JE PRÉFÈRE FERMER LES YEUX!
POUF
POUF
ACK
KAZZ
COFF
AGH
ÇA VA?
PAS EXACTEMENT.
LES GENS SONT DE DRÔLES D'OISEAUX

LE DERNIER DES GRANDS CHASSEURS!

CACHONS-NOUS DANS CE TAS DE FEUILLES POUR SURPRENDRE **L'ÉCUREUIL**!
OUICHE.
CRISSE CRISSE CRI...
MAIS TAIS-TOI!
JE PRENDS RACINE.
ARRACHE-TOI!
ME SOUFFLE PAS DANS LES BRANCHES!
AÏE! TU ME PINCES!
C'EST PAS MOI, C'EST UNE POMME DE PIN!
TU ME PINCES!
EST-CE QUE J'AI L'AIR D'UNE POMME DE PIN?
ÇA Y EST, TU ES PRÊT?
ZZZZZ
ET SI ON ESSAYAIT DE L'APPÂTER AVEC UN FRUIT?
BIEN VU.
SORS DE LÀ ET DANSE, **BANANE**!

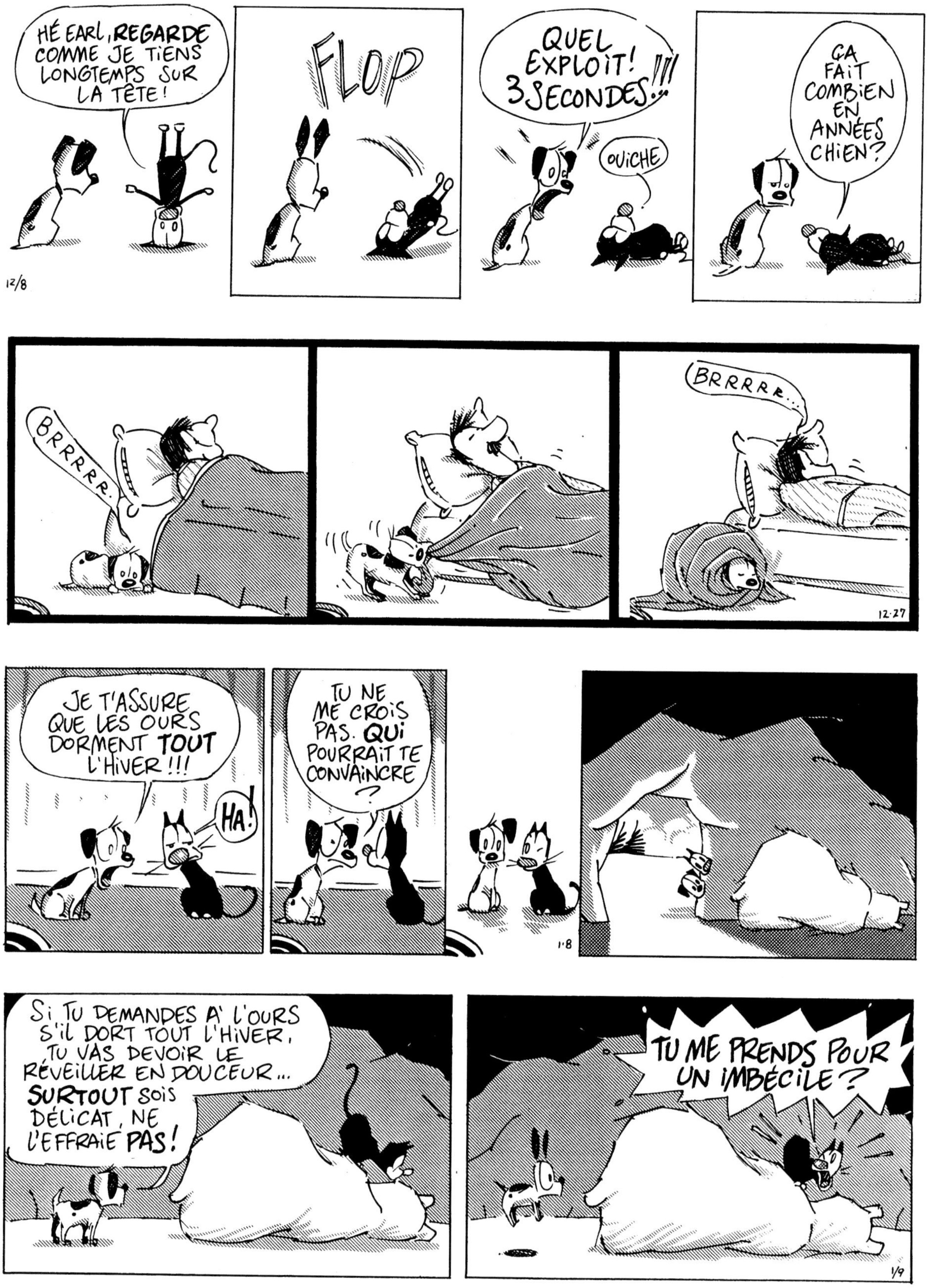
HÉ EARL, **REGARDE** COMME JE TIENS LONGTEMPS SUR LA TÊTE!
12/8
FLOP
QUEL EXPLOIT! 3 SECONDES!!!
OUICHE
ÇA FAIT COMBIEN EN ANNÉES CHIEN?
BRRRRR.
BRRRRR...
12·27
JE T'ASSURE QUE LES OURS DORMENT **TOUT** L'HIVER!!!
HA!
TU NE ME CROIS PAS. **QUI** POURRAIT TE CONVAINCRE?
1·8
SI TU DEMANDES À L'OURS S'IL DORT TOUT L'HIVER, TU VAS DEVOIR LE RÉVEILLER EN DOUCEUR... **SURTOUT** SOIS DÉLICAT, NE L'EFFRAIE **PAS**!
TU ME PRENDS POUR UN IMBÉCILE?
1/9

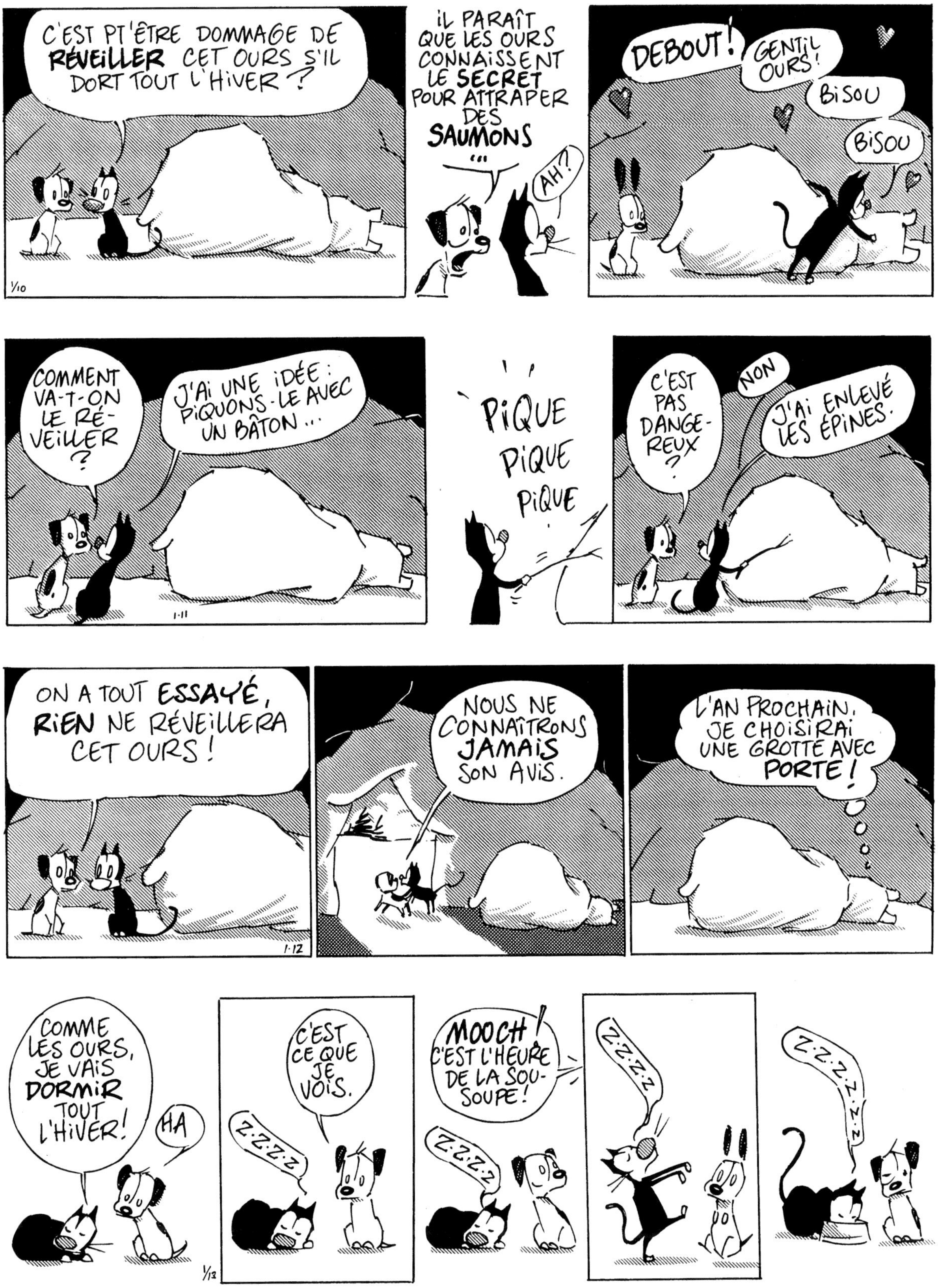
C'EST PT'ÊTRE DOMMAGE DE RÉVEILLER CET OURS S'IL DORT TOUT L'HIVER ?
1/10
IL PARAÎT QUE LES OURS CONNAISSENT LE SECRET POUR ATTRAPER DES SAUMONS ...
AH ?
DEBOUT !
GENTIL OURS !
BISOU
BISOU
COMMENT VA-T-ON LE RÉVEILLER ?
J'AI UNE IDÉE : PIQUONS-LE AVEC UN BÂTON...
1·11
PIQUE
PIQUE
PIQUE
C'EST PAS DANGEREUX ?
NON
J'AI ENLEVÉ LES ÉPINES.
ON A TOUT ESSAYÉ, RIEN NE RÉVEILLERA CET OURS !
1·12
NOUS NE CONNAÎTRONS JAMAIS SON AVIS.
L'AN PROCHAIN, JE CHOISIRAI UNE GROTTE AVEC PORTE !
COMME LES OURS, JE VAIS DORMIR TOUT L'HIVER !
HA
1/13
Z.Z.Z.Z
C'EST CE QUE JE VOIS.
Z.Z.Z.Z
MOOCH ! C'EST L'HEURE DE LA SOUSOUPE !
Z.Z.Z.Z
Z.Z.Z.N.N.N

AU PIED!
ASSIS!
CHERCHE!
LES CHIENS, VOUS ÊTES DES **ROBOTS!!** SOUMIS AUX ORDRES!
ESCLAVES DE VOTRE AMOUR.
ROUTINIERS.
OUAF!
TOUJOURS : OUI MAÎTRE! BIEN MAÎTRE!
UN BON CHIEN DOIT
OBÉIR!
OBÉIR!
RRRRRRRR.
OH!
!
RRRRRRRR.
BÉIR...
RRRRRRRRRRRRRRRR
!
?
RRR
LA BONNE SOU-SOUPE!
RRR
12-10

ENCORE UNE FOIS.
OUICHE.
12-17

CONTE DE NOËL D'APRÈS CHARLES DICKENS.

OK EARL, TU RESTES LÀ, JE REVIENS DE SUITE...
GGG
ÇA NE VA PAS FAIRE UNE BIEN GRANDE BALADE...
NON?
C'EST MON OZZIE QUI M'A LAISSÉ LÀ! QUE PEUT-IL AVOIR DANS LE COEUR?
DES GLAÇONS!
OH QUE C'EST BEAU! DE L'ART! DE L'ART GLACIAIRE!
TU NE RECONNAÎTRAIS PAS L'ART MÊME S'IL TE MORDAIT LES MOLLETS.
ME TENTEZ PAS.

EARL ! BON CHIEN ! DÉSOLÉ D'ÊTRE EN RETARD, MAIS JE VOIS QUE LE BONHOMME DE NEIGE M'A PARFAITEMENT REMPLACÉ.
MON OZZIE.
IL N'Y A PAS UNE CAROTTE QUI LE VAILLE.
1·19

HMMM. JE ME DEMANDE POURQUOI SID NE NAGE **PAS**...
?
LA DIGESTION...
12/28

!
OUICHE JE SAIS ...
OZZIE T'A ENCORE LAVÉ LES DENTS.
12/29

À NOËL, ON NE DONNE PAS QU'AUX RICHES, RICHES, RICHES.
AUX DÉLICE DU GR SNAX
EH BIEN, IL NOUS A RENVOYÉ À LA NICHE NICHE, NICHE.
FICHE, FICHE, FICHE-MOI LA PAIX.
12·30

UNE COUCHE DE NEIGE...
IL EN TIENT UNE COUCHE (DONT UNE COUCHE DE BLANC...)
@☆#!!D'HIVER!!
LE PRINCIPE DE LA COUCHE...
PLUS IL Y A DE COUCHES, MEILLEUR C'EST !
OUICHE.

ALLONS DEMANDER À L'OURS COMMENT IL FAIT POUR DORMIR SANS ARRÊT TOUT L'HIVER !
SOIS AIMABLE...
MONSIEUR L'OURS...
?
DEBOUT !
PLUS
VITE
QUE
ÇA !!
CO
CO
RI
CO !
ON SAIT MAINTENANT ! CE TYPE A UN SOMMEIL DE PLOMB !!
OUICHE. J'ABANDONNE.
ZZZZZZ
ZZZZZZ
!

ÉLICES
U GROS
NAX
SUI-VANT
1/21
SUI-VANT !
JE PRENDRAI UN SANDWICH AU PAIN DE SEIGLE. MERCI.
ET UN OS À MOËLLE.
MERCI.
QUICHE, ET UNE ASSIETTE DE PETITS FOURS, CHAUDS OU FROIDS, COMME VOUS VOUDREZ.
GARNIE DE TOUT CE QUE VOUS TROUVEREZ
MERCI.
SUI-VANT !
RATÉ.
TU N'ES POURTANT PAS DIFFI-CILE.

MIAAAOOUUU
FRANK, TU NE VEUX PAS SORTIR CHERCHER MOOCH AVANT QU'IL RÉVEILLE LES VOISINS !
ZZZZ
OÙ EST CE CRÉTIN DE CHAT ?
1/28
JE VAIS TENTER DE L'AMADOUER...
MIIAAOUUU
TROP LENT.

N'AIE PAS PEUR, EARL ! JE VAIS NOUS SORTIR DE CETTE TEMPÊTE DE NEIGE. MES MOUSTACHES DE CHAT SONT DES RADARS !
1-22
BONK
JE VIENS D'ÊTRE AVERTI DE LA PRÉSENCE D'UN CORPS ÉTRANGER.
QUELLE TEMPÊTE !
1/23
POURQUOI FAUT-IL QUE JE M'OBSTINE À OUVRIR LA BOUTIQUE !?!
AUX DÉLICES DU GROS SNAX
IL N'Y AURA PAS UN CHAT !
OOOOH, REGARDE-MOI CES DEUX-LÀ !!!
OOOO POUPINOUCHINOU
TI PI TI PI TI
TAPE TAPE GRATTE GRATTE
C'EST L'ENNUI D'ÊTRE TROP MIGNON.
1/29
J'EN AI ASSEZ D'ÊTRE TROP MIGNON, ÇA ME REND MALADE !
TOUTE LA JOURNÉE, C'EST : "IL EST TROP MIGNON CE MINET, MINOU, MINOU ! DANS MES BRAS PETITE PELUCHE !"
1/30
BEURK ! À ME DÉGOÛTER DES BOULES DE POILS ET DES TÊTES DE POISSON !
C'EST VRAIMENT DUR D'ÊTRE TROP MIGNON !
EH OUI !

JE DÉTESTE QU'ON DISE QUE CHUIS TROP MIGNON! CHUIS PAS UNE PELUCHE A'DEUX SOUS!
SOUS CET AIR DE MINOU MIGNON IL Y A UN VRAI CHAT, AVEC UN VRAI COEUR ET PLEIN D'AUTRES QUALITÉS!
1/31
NE PEUT-ON VOIR SOUS LES APPARENCES? POURQUOI TU RIGOLES?
TU ES TROP MIGNON EN COLÈRE.
REVOILÀ LES DEUX CINGLÉES... ON VA LEUR MONTRER QU'ON EST GROS ET MOCHE!
AAAAAAAiiii...
AAAiEEE
2-1
NE SONT-ILS PAS TROP MIGNONS?
CRAQUANTS
LE NEZ EN BOUTON.
DES YEUX DE VELOURS
IL VA FALLOIR T'Y FAIRE, TOUT CE QUE NOUS FAISONS EST ADORABLE.
OUICHE. NOUS SOMMES CRAQUANTS À PERPÉTUITÉ.
L'ENNUI D'ÊTRE TROP MIGNON.
2-2
OOO P'TIT MINOU.
?
ET UN POUTOU POUR MON PAPOU.
L'ENNUI D'ÊTRE TROP MIGNON.
?
2-3

RAPPELLE-MOI CE QU'ON FAIT LÀ ?
ON ATTEND DE VOIR LA MARMOTTE SORTIR DE SON TROU !
POURQUOI ?
COMME ÇA ON SAURA !
OUICHE
ON SAURA QUOI ?
SI L'HIVER EST FINI.
HÉ, MAURICE, TU N'AS PAS ENVIE DE SORTIR FAIRE UN TOUR, AUJOURD'HUI ?
NAAN.
AVEC CES DEUX CRÉTINS À L'ENTRÉE !?! BAAH, LAISSE TOMBER !
J'ATTENDS QU'ILS PARTENT POUR SORTIR.
L'HIVER VA ÊTRE LONG.
OUICHE.
2/4

AAH, MON GARS- RIEN NE VAUT UNE BONNE BALADE SOUS LA NEIGE...
SNIFF
SI ON METTAIT TOUTES NOS PROMENADES BOUT À BOUT...
EST-CE QU'ON NE FERAIT PAS LE TOUR DU MONDE ?
SNIFF
2/11
JE ME DEMANDE À QUI PROFITE L'EXERCICE...
À TOI ?
À MOI ?
OÙ À TON NEZ ?
SNIFF
SNIFF
SNIFF
VAROOOOM
PERSONNE
NE MARCHE
PLUS
SAUF TOI...
SNIFF
ET MOI.

EARL.
RAPPORTE MES PANTOUFLES.
?
BONNE PÂTE...
RAPPORTE UNE COUVERTURE.
C'EST UNE BIEN FROIDE JOURNÉE.
J'AI DE BONS RAPPORTS
AVEC LES CHIENS !!!
RAPPORTE UN GRAND BOL DE LAIT
P'TIT GARS!
AUX PIEDS! RAPPORTE!
QUELQU'UN POURRAIT-IL
RAPPORTER UNE SERVIETTE ?

CE CYGNE EN GLACE EST UN PUR CHEF-D'OEUVRE.
OÙ EST MON APPAREIL PHOTO ?
DING
AUX DÉLICES DU GROS SNAX
PERSONNE
OUICHE
OUAAAH
QU'EST-CE...
FLASH

DRING
DRING
DRING
DRI...
CLIC
J'ESPÈRE QUE CE N'ÉTAIT PAS POUR MOI.
1/24
MILLIE ! LE CHAT FAIT SES GRIFFES SUR TOUS LES MEUBLES !
1/25
FRANK, TU EXAGÈRES ! MOOCH EN ÉPARGNE QUELQUES-UNS.
COMME !?!
SA COLONNE À GRIFFES.
VER-GLAS !
!
UN OURS QUI DANSE !!! EN PLEINE RUE !?!
2/5
ON VA SUIVRE CET OURS !
COMMENT FAIT-IL POUR SURVIVRE EN PLEINE VILLE !?! ET POUR MANGER ?
SANS PRO-BLÈME...
RESTAURA
GRRR
2/6

L'OURS SE DIRIGE VERS MA MAISON !
DING DONG
C'EST TROP AFFREUX.
BONJOUR, JE SUIS VOTRE ASSUREUR.
2·7
L'OURS EST ENTRÉ CHEZ TOI !
TU NE PEUX PAS RESTER SANS RIEN FAIRE ?!
OUICHE
2/8
VITE, CACHEZ LE POISSON !
UN OURS CHEZ MOI !
OH, VENEZ QUE JE VOUS PRÉSENTE NOTRE PETIT MOOCH.
MIAOU MIAOU
2·9
BONJOUR
MINOU.
D'HABITUDE, IL N'EST PAS SI TIMIDE.
OH NON !
MOOCH EST TOUT SEUL AVEC L'OURS ! JE DOIS ÊTRE COURAGEUX, JE DOIS ÊTRE FORT... JE DOIS...
EARL !
2/10
... ÊTRE AFFAMÉ.

REGARDE
JE JONGLE.
AVEC CET OS, TU PEUX?
PASSE!
ET CETTE POMME DE TERRE?
TA GAMELLE?
PASSE!
PASSE!
TON BOL D'EAU?
PASS...
MOOCH!
CRASH!
J'AI UNE AUTRE IDÉE!
JE PASSE!
3-3

3/10
DU LAIT.
BINGO!
MMMMM...
OH, CHÉRI, J'ADORE LES BÉBÉS!
BONNE CHANCE, MON GARS.
POURTANT, JE N'AI PAS ROTÉ.

!
!
EARL
DISTRIBUTED BY
KING FEATURES SYNDICATE
3·17

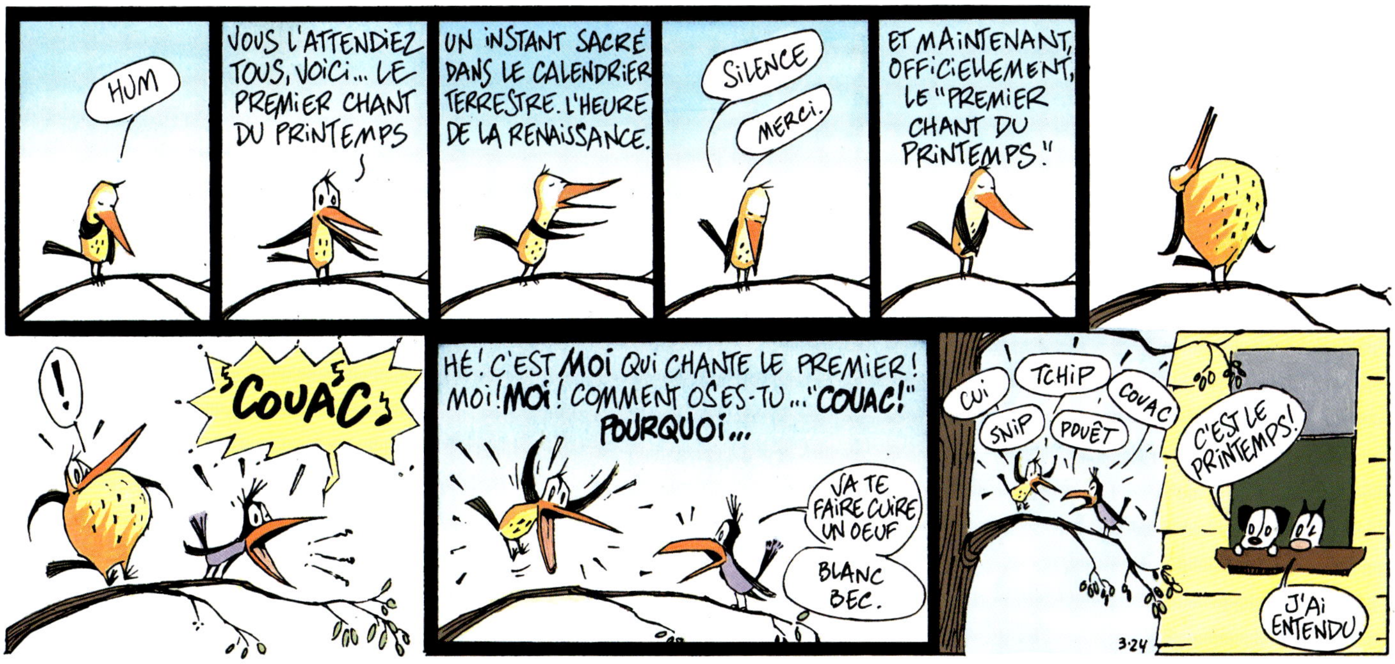
HUM
VOUS L'ATTENDIEZ TOUS, VOICI... LE PREMIER CHANT DU PRINTEMPS
UN INSTANT SACRÉ DANS LE CALENDRIER TERRESTRE. L'HEURE DE LA RENAISSANCE.
SILENCE
MERCI.
ET MAINTENANT, OFFICIELLEMENT, LE "PREMIER CHANT DU PRINTEMPS."
!
COUAC
HÉ! C'EST MOI QUI CHANTE LE PREMIER! MOI! MOI! COMMENT OSES-TU..."COUAC!" POURQUOI...
VA TE FAIRE CUIRE UN OEUF
BLANC BEC.
CUI
TCHIP
COUAC
SNIP
POUÊT
C'EST LE PRINTEMPS!
J'AI ENTENDU
3·24

MOOCH ÇA VA?
L'OURS VIENT DE RÉGURGITER UNE DAME!
2·12
PARDON, MONSIEUR L'OURS.
PLOP
AU SECOURS!
CHUIS COINCÉ DANS LA CHAÎNE ALIMENTAIRE!
2·13
MAIS, C'EST PAS UN OURS! C'EST UN MANTEAU FAIT DE PEAUX DE PETITS ANIMAUX A' FOURRURE!!!
OUICHE! COMME...
...NOUS.
ON VA L'ENTERRER.
2·14
HÉÉÉÉÉÉ
QUE FAIT LE CHIEN DE VOTRE VOISIN!?!
SALUT, OZZIE... FÉLICITATIONS : VOUS VENEZ D'ACHETER UN MANTEAU DE FOURRURE.
2/15

BON. EARL ET MOOCH ONT ENTERRÉ LE MANTEAU. OZZIE ET MOI L'AVONS PAYÉ. MILLIE, VEUX-TU LE MANTEAU?
JAMAIS!
J'AIME LA FOURRURE QUAND ELLE RESPIRE.
RRRRRRRR
2·16

MOOCH, N'ES-TU PAS
HEUREUX QU'ON NE NOUS AIT RIEN DIT POUR LE MANTEAU DE FOURRURE?
2/17
CHUIS HEUREUX DE NE PAS ÊTRE UNE DES MANCHES.

1/26

MOOCH, COMMENT FAIS-TU POUR DORMIR TOUTE LA JOURNÉE?
LES CHATS SE REPOSENT TOUTE LA JOURNÉE POUR POUVOIR SORTIR TOUTE LA NUIT.
QUE PEUX-TU FAIRE LA NUIT QUE TU NE FAIS PAS LE JOUR?
RESTER ÉVEILLÉ.

TOUJOURS À DEUX DOIGTS DU VIDE, MOOCH? COMMENT FAIS-TU?
QUESTION D'ÉQUILIBRE, P'TIT...
D'ÉQUILIBRE.
ET
DI
ET
DA
J'ESPÈRE QUE CE TRUC EST BIEN EN ÉQUILIBRE.
3/31

IL PARAÎT QUE LES LAPINS SONT INSAISISSABLES.
!
RAPIDES
ET
TRÈS FUTÉS.
PAS POUR MOI! ALLONS EN CHERCHER UN!
IL FAUT BIEN VIVRE.
4/7
EN VOILÀ UN!
HARVEY
Fleurs
F.T.D.
DES FLEURS À CROQUER
AAH!
CRÉTIN DE CHIEN!
JE NE SUIS PAS UN LAPIN!
SOIS PRUDENT, EARL!
OW!
SOIS PRUDENT!
AHIII!
C'EST JUSTE, MOOCH! LES LAPINS SONT MALINS.
J'ALLAIS L'AVOIR QUAND SON TAXI A GRILLÉ UN FEU ROUGE.

LA PLUIE!
VITE! SOUS LE PONT!
ON L'A ÉCHAPPÉ BELLE

LES CHIENS GARDENT LEURS MAÎTRES DEPUIS L'ÂGE DES CAVERNES!
ZZZZZ
KI TÉ TOI?
DÉGAGE!
ALLEZ... BARRE-TOI!
VA TE FAIRE VOIR AILLEURS!
ET C'EST EFFI-CACE?
T'AS DÉJÀ VU DE GROS ÉLÉPHANTS CHEVELUS SE PROMENER DANS LE COIN, TOI?

PARLE!
OUAF
PARLE!!
OUAF
PARLE!!!
OUAF
ILS CROIENT QUE TU CACHES KEKCHOSE?
3/9

JE MEURS DE FAIM MAIS TOUT CE QUE J'AI TROUVÉ DANS LE FRIGO, C'EST CETTE BALLE BLANCHE.
C'EST UN OEUF.
UN OEUF !?!
OUI. C'EST DE ÇA QUE NAISSENT LES POULETS.
QUOI!?!
JE CROYAIS QU'ILS NAISSAIENT DANS DES BOÎTES DE CONSERVE..
2·26

D'APRÈS TOI UNE POULE N'A 'QU'A' S'ASSEOIR SUR UN OEUF ET BINGO, IL EN SORT UN POULET!?!
OUAIP
VITE, VA CHERCHER LA SAUCE BARBECUE!
2·27

DÈS QUE L'OEUF SUR LEQUEL CHUIS ASSIS AURA ÉCLOS, ON S'OFFRIRA UNE BONNE CUISSE DE POULET!
D'AC?
JE N'AIME PAS TROP LA VOLAILLE, MOOCH. JE PRÉFÈRE LES MACARONIS.
T'AS QU'A' T'ASSEOIR SUR UNE BOULETTE DE VIANDE.
2·28

QUAND L'OEUF AURA ÉCLOS, TU MANGERAS UNE CUISSE DU POULET?
NON!
JAMAIS!
HUH!?!
QU'EST-CE QUI T'A FAIT CHANGER D'AVIS?
JE VAIS ÊTRE MAMAN!
2/29

CHUIS ASSIS SUR CET OEUF DEPUIS UNE HEURE ET TOUJOURS PAS
DE POULET!
DESCENDS DE MON FAUTEUIL!!
OUAH IL EN A FAIT DU BOUILLON DE POULE.
3·1

POURQUOI PERDRE TOUT CE TEMPS AVEC CES PROGRAMMES DÉBILES!?!
3/2

OOOH
CETTE QUEUE TURBULENTE!
TU NE PEUX PAS ARRÊTER ÇA DE TEMPS EN TEMPS?
J'AI AUCUNE AUTORITÉ.
3/16

HÉ MOOCH, QU'EST-CE QUE TU FAIS SUR LA TABLE?
OH
UNE PETITE
PAUSE
LES CHATS N'ONT RIEN À FAIRE SUR LA TABLE.
TU
DIS?
REGARDE-MOI! JE DANSE SUR LA TABLE!
TABLE
JOLIE TABLE
DESCENDS!
DESCENDS!
PETIT CHAT SUR LA TABLE
OUAF
OUAF
CRASH
TU AS RAISON, CE N'EST PAS LA PLACE D'UN CHAT.
4-28

C'EST TOUT SIMPLE...
IL ÉTAIT UNE FOIS TROIS PETITS COCHONS QUI DISCUTAIENT SANS FIN DE LEUR LOGEMENT...
BRIQUE!
BOIS!
PAILLE!
DÉTAILLANT TOUTES LES SUBTILITÉS DE LEUR DÉMÉNAGEMENT...
MAIS OÙ DONC?
OÙ DONC?
OÙ DONC?
LE LOUP DU COIN EN AVAIT ASSEZ DE LEUR CONCILIABULE SUR "L'ENDROIT IDÉAL"...
AOOUU
5/5
ET DONC IL INSPIRA...
...PUIS EXPIRA
ET ENVOYA BOULER LES PETITS COCHONS...
TRÈS, TRÈS LOIN
JUSQU'À CE QU'ILS ATTERRISSENT DANS UN GROS TAS DE... BOUE.
OÙ ILS VÉCURENT HEUREUX À JAMAIS.
OUICHE. MOI AUSSI.

AOUUUUH
AOUUUUH
POURQUOI VOUS PLEUREZ COMME ÇA ?
NOS MAMANS NOUS MANQUENT.
QU'ESSE ÇA PEUT T'FAIRE ?
OH MAMOUNÈTE... DÉVOUÉE, AIMANTE MÔMAN ! QUI ME PORTAIT PAR LA PEAU DE MON PETIT COU ; QUI LÉCHAIT MON CRASSEUX PETIT MUSEAU ; QUI ME BERÇAIT POUR DE SI DOUX SOMMEILS...
OH, ELLE ME MANQUE TANT...
TOUT ÇA ME MANQUE TELLEMENT...
TU SAIS, PERSONNE NE VA LÉCHER TON PETIT MUSEAU CRASSEUX PAR ICI...
AOUUUH
5/12

?
TIENS MA QUEUE ET NE LA LÂCHE PAS !
J'ENTENDS L'APPEL DE LA NATURE !
J'AI ÇA DANS LE SANG... IL FAUT QUE JE QUITTE CET ENDROIT ! JE PARS ! LOIN D'ICI !!! SAYONARA !
UN CHAT NE PEUT ÉCHAPPER À SON INSTINCT !
SAUVAGE
CHAT
SAUVAGE
MOOCHIE
À TABLE !
ON SE VOIT PLUS TARD, MON GARS !
J'EN AI BIEN PEUR.
5/19

PESTICIDE
TREATED AREA
KEEP OFF
MUTTS © 1996 PATRICK McDONNELL DISTRIBUTED BY KING FEATURES
5/9

ROUAF ROUAF
POURQUOI TU ABOIES SANS ARRÊT?
JE SUIS UN CHIEN DE GARDE!
QU'ESSE TU GARDES?
QU'ESSE TU PROPOSES?
2/19
OUI, JE SUIS UN CHIEN DE GARDE! QUELQU'UN DOIT DÉFENDRE CETTE IMPASSE CONTRE LE MAL!
¡ICI UN GAMIN QUI TRAVERSE EN DEHORS DES CLOUS!-BROUAF! UN DRÔLE DE BRUIT?-RROUFF! QUI RENVERSE LES POUBELLES?-OUARF!
LA FERME, LES BESTIOLES!!!
LA VILLE ME CRIE SA RECONNAISSANCE.
2·20
NOUS, LES CHIENS DE GARDE DEVONT SURVEILLER TOUT SUSPECT!
JE N'AIME PAS LA TÊTE DE CE TYPE.
ROUAF
ABOIE
OUOUF
CE N'ÉTAIT PAS TON MAÎTRE !?!
PAS L'AIR TRÈS CLAIR CE TYPE... NON?
2·21
DEUX HEURES DU MATIN, PAS D'INQUIÉTUDE, LE CHIEN DE GARDE VEILLE!
OUAF
OUAF
OUAF
LA VILLE PEUT DORMIR SUR SES DEUX OREILLES.
2·22

HÉ, CHIEN DE GARDE, JAMAIS DE DÉFAILLANCE ?
"MÉFIE-TOI DU TEMPS QUI PASSE ! GARDE-LE, SURVEILLE-LE, CHAQUE HEURE, CHAQUE MINUTE ! SI TU LE QUITTES DES YEUX, IL S'ENFUIT — CHAQUE INSTANT EST SACRÉ. À CHACUN RÉSERVE CLARTÉ ET SENS, À CHACUN LE POIDS D'UNE PROFONDE CONSCIENCE, À CHACUN SA VÉRITÉ ET LES ÉGARDS QUI LUI SONT DUS."
MON GARS ÇA, C'EST UN CHIEN DE GARDE.
OUICHE
2/23
C'EST VRAIMENT UN MORDU DU TRAVAIL.
OUICHE
ATTENTION CHIEN MÉCHANT
2.24
OUAF ! ROUAF !
DIS DONC, CHIEN DE GARDE, POURQUOI ES-TU TOUJOURS ÉNERVÉ ?
C'EST MA NATURE... AUX AGUETS... PARÉ À LA DÉTENTE !
3.4
TU DEVRAIS ESSAYER CETTE DÉTENTE.
CROIS-MOI, CHIEN DE GARDE, TU ES TROP NERVEUX, TU DOIS APPRENDRE À TE REPOSER.
OUICHE
ME REPOSER !?! JE SUIS UN CHIEN DE GARDE !! JE VIS AVEC LA PEUR !! GRRR COMMENT ME REPOSER QUAND ON AFFRONTE TOUS LES DANGERS !?!
!
Z.Z.Z.Z.Z.
!
3.5

DONC MOOCH, TU VAS M'APPRENDRE À ME DÉCONTRACTER ?
OUICHE
NOUS LES CHATS MAÎTRISONS DE LONGUE DATE L'ART ANCIEN DE LA MÉDITATION... D'ABORD, TU DOIS **DÉBARRASSER** TON ESPRIT DE **TOUTE** IDÉE.
AINSI...
OUAIS
OUAIS
ET **ENSUITE** !?!
AUCUNE IDÉE.
MAINTENANT, GARDE LA POSITION **ASSISE** ET RESPIRE PROFONDÉMENT EN TE CONCENTRANT SUR UNE NOTE... COMME ÇA...
RRRRRRR
GRRRRRR...
OUAH.
TRÈS RELAXANT LA MÉDITATION !
POUR **TOI** !
POUR TE DÉTENDRE, ALLONGE-TOI ET COMPTE UN MILLION À REBOURS.
TU ES SÛR ?
COMME ÇA ?
OUICHE, MAIS ENFERMÉ DANS UNE CHAMBRE NOIRE.
999.999... 999.998...
ÇA MARCHE **VRAIMENT** ?
BIEN SÛR. **JE** ME SENS DÉJÀ BEAUCOUP **PLUS** DÉTENDU.
RESTE TRANQUILLE EARL.
L'HEURE DU **BAIN** !
J'EN AI PAS DÉJÀ PRIS UN L'AN **DERNIER** ?
JE FAIS CE QUE JE PEUX POUR TE RENDRE CETTE ÉPREUVE AGRÉABLE.
ALORS AJOUTE DES BÂTONS D'ENCENS.

3/12
RESTE LÀ!
JE DÉTESTE CETTE ODEUR DE CHIEN MOUILLÉ.
SURTOUT QUAND C'EST LA MIENNE.
3·13
DIS DONC EARL, QU'ESSE TU FAIS?
JE DONNE UN BAIN À MES PUCES.
ELLES AIMENT?
J'SAIS PAS, MAIS ÇA LES FAIT DANSER.
3/14
3·15
EARL! TON OZZIE NE VIENT-IL PAS DE TE DONNER UN BAIN !?!
QU'EST-CE QUE JE VAIS FAIRE, MOOCH?
COMME ÇA IL N'EN SAURA JAMAIS RIEN!

LES REVOILÀ!
AIDEZ-NOUS !
ON EST APHONE!
3·18
ET VOS CHANTS DU PRINTEMPS ?
FAIS-LES POUR NOUS.
POU POU PI DOU
DES OISEAUX ENROUÉS, J'Y CROIS PAS...
C'EST À CAUSE D'UN COURANT D'AIR FROID, AU DESSUS DE L'OCÉAN. ÉCOUTE ÇA...
KOF KOF
REUH
KOF KOF
REUH
PAS MAL.
IL N'A QU'À SE RECONVERTIR DANS LE RAP.
3·19
ON EST QUEL JOUR ?
3/20
C'EST LE PRINTEMPS !!
LE RÉVEIL DE LA NATURE.
LA SONNERIE EST VRAIMENT TROP FORTE.
ALORS DITES-NOUS : QU'EST-CE QU'ON A MANQUÉ PENDANT NOTRE ABSENCE ?
JE ME SUIS ASSIS SUR UN OEUF.
J'AI PRIS UN BAIN.
ET TOI QUI NOUS PRESSAIS DE RENTRER !
3/21

C'EST TOUJOURS PAREIL, ON PART QUELQUES JOURS ET AU RETOUR...
3/22
LA MAISON EST UN VRAI DÉPOTOIR.

ET MAINTENANT, POUR VOTRE PLUS GRAND PLAISIR, UNE MINUTE DE MUSIQUE...
CHIC
COUAC
CUI
COUA
3/23
QU'EST-CE QUE T'EN PENSES ?
59 SECONDES DE TROP.

C'EST LE PLUS BEAU SPECTACLE DU MOMENT.
JE NE VEUX PAS EN PERDRE UNE SECONDE.
EN NOUS DÉPÊCHANT, ON PEUT ESPÉRER AVOIR LES MEILLEURES PLACES.
OUICHE.
AUX DÉLICES DU GROS SNAX
LE 1er RANG EST PRIS !
3/25

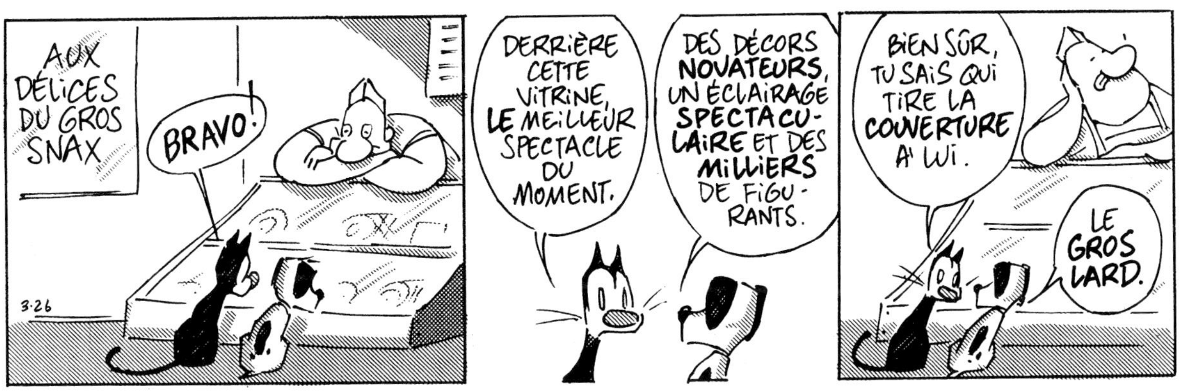
AUX DÉLICES DU GROS SNAX
BRAVO !
3.26
DERRIÈRE CETTE VITRINE, LE MEILLEUR SPECTACLE DU MOMENT.
DES DÉCORS NOVATEURS, UN ÉCLAIRAGE SPECTACULAIRE ET DES MILLIERS DE FIGURANTS.
BIEN SÛR, TU SAIS QUI TIRE LA COUVERTURE À LUI.
LE GROS LARD.

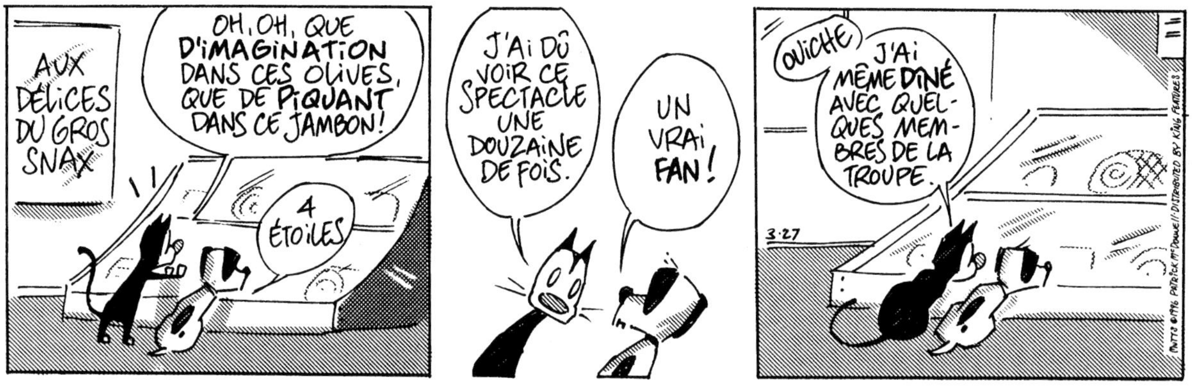
AUX DÉLICES DU GROS SNAX
OH, OH, QUE D'IMAGINATION DANS CES OLIVES, QUE DE PIQUANT DANS CE JAMBON!
4 ÉTOILES
J'AI DÛ VOIR CE SPECTACLE UNE DOUZAINE DE FOIS.
UN VRAI FAN!
QUICHE
J'AI MÊME DÎNÉ AVEC QUELQUES MEMBRES DE LA TROUPE.
3·27
MUTTS ©1996 PATRICK McDONNELL · DISTRIBUTED BY KING FEATURES

AUX DÉLICES DU GROS SNAX
ÇA, C'EST DU SPECTACLE!
3/28
DE SUPER EFFETS SPÉCIAUX! REGARDE LE REFLET IRISÉ SUR LE GIGOT. HÉLAS, LE SUCCÈS N'EST PAS AU RENDEZ-VOUS. ET CE QUI NE SE VEND PAS
...
IL VA DEVOIR METTRE TOUTE LA TROUPE À LA RUE.
J'ATTENDRAI SUR LE TROTTOIR.

AUX DÉLICES DU GROS SNAX
HMMM, IL VA VRAIMENT FALLOIR QUE JE NETTOIE LÀ-DESSOUS...
3/29
LE SALAMI A UNE DRÔLE DE TÊTE AUJOURD'HUI.

POURQUOI LES CHIENS RÉCLAMENT-ILS TOUJOURS À MANGER?
ÇA DONNE MEILLEUR GOÛT.
3/30

QU'EST-CE QUE TU FAIS AUJOURD'HUI, CHENILLE ?
JE ME DEMANDE SI JE NE VAIS PAS ME LOVER DANS UN COCON, DEVENIR CHRYSALIDE PUIS ME TRANSFORMER EN UN MAGNIFIQUE PAPILLON !
QU'EN PENSES-TU ?
QUELQU'UN ICI A MARINÉ **TROP** LONGTEMPS AU FOND D'UNE BOUTEILLE DE MESCAL.
!
4/1
QU'ESSE QUI POUSSE UNE CHENILLE À SE TRANSFORMER EN PAPILLON ?
UNE PETITE VOIX INTÉRIEURE !
JE COMPRENDS ÇA. LA NATURE COMMANDE ! MA **PETITE VOIX** À MOI ME DIT :
"NE FAIS RIEN"
"NE FAIS RIEN"
ET LA TIENNE ?
"ATTRAPE LE CHAT"
"ATTRAPE LE CHAT"
TU **DOIS** HALLUCINER.
4/2
HÉ !
Mme CHENILLOU, COMMENT SAIS-TU QUE TU NE VAS PAS TE CHANGER EN PALOURDE ?
... OU EN CACAHUÈTE
... OU EN MOINEAU
OU EN...
LA FERME, CHAT ! IMPOSSIBLE DE SE **MÉTAMORPHOSER** TRANQUILLE PAR ICI !!
ELLE DEVRAIT PLUTÔT **CHANGER** D'ATTITUDE !
4-3
HÉ ! GENTILLE CHENILLETTE ! ÇA M'EST ARRIVÉ **AUSSI** !
NON ?
4/4
UN JOUR, ENCORE CHATON, JE ME SUIS ENROULÉ DANS UN COCON DE LAINE.
ET QU'ES-TU DEVENU ?
COMPLÈTEMENT ENTORTILLÉ.

A' NOUS
DEUX
MONDE
ÇA Y EST !!
LE VERMICELLE EST DEVENU UN OBJET DE COLLECTION.
4/5
AH ! LES MERVEILLES DE LA NATURE.
OH
OUICHE
TU M'AS JAMAIS VU RECRACHER UNE BOULE DE POILS ?
C'EST UNE SACRÉE LEÇON.
MÊME LA CHENILLE LA PLUS INSIGNIFIANTE PEUT DEVENIR UN MAJESTUEUX PAPILLON. CELA NOUS DONNE L'ESPOIR D'ATTEINDRE UN JOUR NOTRE NATURE SUPRÊME.
OUICHE
PT'ÊTRE DEVIENDRAS-TU CHAT, UN JOUR.
4/6
AU PRINTEMPS, LA MÉTÉO EST IMPRÉVISIBLE !
HA, HA ! PAS POUR UN CHAT ET SES MOUSTACHES-RADARS !!!
4/8
ENFIN LÀ... IL Y A DES PARASITES...
QU'EST-CE QU'ON S'ENNUIE LES JOURS DE PLUIE, IL N'Y A RIEN À FAIRE.
T'INQUIÈTE PAS — JE N'AI QU'À FAIRE UNE DANSE QUI STOPPE LA PLUIE !
ÇA NE MARCHE PAS.
BIEN SÛR QUE SI.
4/9
ÇA M'A OCCUPÉ TOUTE LA JOURNÉE !

SHAZAM !
IL PARAÎT QUE LA FOUDRE TOUCHE **D'ABORD** LES OBJETS LES PLUS GRANDS !
4/10
?

4·11

ILS SONT PARTOUT !
ÉVITE **CE** COIN !
FAIS
GAFFE...
ATTEN-TION !
LA PATROUILLE ANTI-FLAQUES.
OUAIP
4·12

LÈCHE LÈCHE LÈCHE
LÈCHE LÈCHE LÈCHE
!
4/13
ÇA NE FAIT PAS UN PLI !

OUICHE! JE SAVAIS QUE CE JOUR VIENDRAIT! DES CROQUETTES DEHORS À MON ENTIÈRE DISPOSITION!
?
GLOUPS
GLOUPS
GLOUPS
HÉ! OÙ EST MON DÎNER!
CHHHH...
JOUE LES CRÉTINS.
C'EST EXACTEMENT CE QUE TU VIENS DE FAIRE.
4/15
UN ÉCH'CUREUIL A CH'ANS DOUTE AVALÉ TON CH'OUPER!
4/16
POURQUOI TU PARLES COMME ÇA?
JE PARLAIS COMME ÇA AVANT.
AH OUAIS?
ET TU AS ARRÊTÉ QUAND?
IL Y A DEUX CH'OURS.
ÉCOUTE BIEN CHAT-CRIPAN, JE SAIS QUE TU AS MANGÉ MON DÎNER! TON HALEINE EMPESTE LE POULET!
AH! TU ESSAYES DE M'AVOIR! C'ÉTAIT DU BOEUF!
4.17
HI
HI
J'Y VAIS, CHUIS EN RETARD POUR LA SIESTE.
CHUIS SAUVÉ.
AH
OUAIS?
COMMENT ES-TU ENTRÉ?
PAR LA CHATIÈRE.
NOUS N'AVONS PAS DE CHATIÈRE.
!
VOUS N'EN AVIEZ PAS.
4/18

CONTENT QUE TU SOIS PASSÉ NOUS VOIR.
TU PARLES.
MUTTS ©1996 PATRICK McDONNELL · DISTRIBUTED BY KING FEATURES
OUICHE, JUSTE À TEMPS POUR GOÛTER LE POT-AU-FEU.
OK! AU SUIVANT!
4/19

©
ON NE CHOISIT PAS SES VOISINS.
4/20

!
COUIC
COUIC
HÉ EARL, IL EST BON CE STEAK?
COUIC!
UN PEU CAOUTCHOUTEUX.
4/22

SLURP
SLUSH,
SLOP
RAAAAAH! T'ES VRAIMENT OBLIGÉ DE SLURPER TON EAU COMME ÇA?
C'EST PAS DE L'EAU, C'EST DU LAIT.
SHLURP
SHLEP
SHLOOP
SHLOP
4/23

AUX DÉLICES DU GROS SNAX
ÉCOUTE !
MAIS J'ENTENDS VRAIMENT RIEN !
J'ÉTAIS PERSUADÉ D'AVOIR ENTENDU LE THON M'APPELER ...
ATTENDS ... LE FEUILLETÉ VIENT DE ME DIRE BONJOUR.
4·24

BAS LES PATTES !
BAS LES PATTES, EARL !
MUTTS ©1996 PATRICK McDONNELL DISTRIBUTED BY KING FEATURES SYNDICATE
BON
OK
RÉGALE-TOI !
SNIFF
MAIS OÙ SONT LES PÂTES ?
4/25

VOYONS VOIR ... UN STEAK MUSICAL ...
MÂCHE
COUINE
TOYS
UN POULET MUSICAL
UN HAMBURGER MUSICAL
UN SODA MUSICAL
T'AS PEUR DE FAIRE UNE CARENCE EN CAOUTCHOUC ?
TOYS
4/26

4/27
JE PRENDRAIS BIEN UN VERRE.

DE LA BOUE !
OUICHE !
4/29
MESSIEURS !
?
?
QUE FAITES-VOUS CHEZ MOI !?!
UN DOS CRAWLÉ.
COMMENT OSEZ-VOUS ENTRER CHEZ MOI SANS Y ÊTRE INVITÉS !!! VOUS N'AVEZ DONC AUCUNE ÉDUCATION !?!
4/30
QU'EST-CE QUE JE SUIS SUPPOSÉ FAIRE MAINTENANT !?!
LE DÉJEUNER, ÇA S'RAIT SYMPA.
NON SEULEMENT VOUS VOUS INTRODUISEZ CHEZ MOI MAIS VOUS AVEZ LE CULOT DE M'INSULTER !
JE DEVRAIS VOUS SERVIR UN BON SANDWICH AUX CHÂTAIGNES !
ARRÊTEZ DE BAVER...
5/1
EH BIEN, GRÂCE À VOUS, MON PETIT PALACE EST UN VRAI TAUDIS !
5/2
DES SEMAINES QUE J'INSTALLE ET RÉINSTALLE TOUS LES MEUBLES...
CELA DIT, JE NE ME DOUTAIS PAS QUE MON CANAPÉ FÛT UN AUSSI JOLI CHAPEAU.

NOUS SOMMES DÉSOLÉS D'AVOIR CHAMBARDÉ VOTRE TAS DE BOUE ... EUH ... VOTRE MAISON.
ÇA NE FAIT RIEN
ET PUIS, JE VOULAIS DÉMÉNAGER. JE LAISSE CETTE MAISON DERRIÈRE MOI SANS REGRET.
OUICHE
HÉ! VOUS EMPORTEZ LE SALON AVEC VOUS !!
5/3
COMMENT LES COCHONS PEUVENT-ILS VIVRE DANS LA BOUE?
...UNE VRAIE DÉCHARGE.
N'ONT-ILS DONC AUCUN RESPECT POUR LEUR ENVIRONNEMENT PERSONNEL?
CH'UPPOSE QUE NON
...C'EST POUR ÇA QU'ON DIT QU'ILS SONT DES COCHONS.
5/4
QUOI DE PLUS RELAXANT QUE DE S'ALLONGER DANS UNE HERBE DRUE ET GRASSE?
5/6
C'EST SUR MA QUEUE QUE T'ES ASSIS.
PESTICIDE
•ZONE INTERDITE•
DOMMAGE QUE LES ANIMAUX NE SACHENT PAS LIRE.
CH'UPPOSE QUE C'EST POUR ÇA QU'IL Y A UN DESSIN.
5/7

CUI
PIIP
PIIP
CUI
@☆D'OISEAUX!!! IL FAUT QU'ILS ME RÉVEILLENT...
MAIS NON FRANK, ILS SALUENT JUSTE LE JOUR QUI SE LÈVE.
5/13
IL N'EST PAS ENCORE DEBOUT?

ATTENTION! UN SERPENT À SONNETTE!
C'EST PAS UN SERPENT À SONNETTE!! C'EST UN VER DE TERRE!
EH BIEN MOI, J'AI ENTENDU UNE SONNETTE!
ARRÊTE DE SECOUER LA TÊTE!
5/14

TU ME REMPLACES CINQ MINUTES?
D'ACCORD
SYMPA
HA! HA! IL NE DOIT PAS GARDER GRAND CHOSE, GUI-LÀ!
GRRRRR
HA HA
JE GARDE... LE SOURIRE.
ATTENTION CHIEN MÉCHANT
5/15

?
5/16
!
?

MES
GÂTEAUX!
5/8
SI J'AVAIS UN SURF...
5/11
DE LA SAUCE FORTE!
EH BIEN LES AMIS...
COMMENT ME TROUVEZ-VOUS EN QUEUE DE PIE?
IL VA Y LAISSER DES PLUMES.
5/18
LOUIS, T'ES LÀ?
5/17

88
88